KB125532

헤라클레스

헤라클레스

우리 대다수의 사람은 학창 시절에 그리스 역사를 읽으며 많은 정복자 및 발명가의 이름을 발견하게 되었고, 그중 한 인물이 헤라클레스이다. 많은 사람처럼 나는 헤라클레스가 목 뒤쪽에 지구를 들고 있으면서 아무런 불만도 표하지 않고 있는 그림을 보면서 너무 의아해했지만 감동도 느꼈다. 나는 헤라클레스가 생각했을 그 무엇인가에 대해 궁금해했고 그 답을 찾기를 원했기에 그 모습을 보면서 편안함을 느낄 수 없었다. 그리고 내가 성장하며 주변에 있는 모든 사람이 자신만의 지구를 들고 있음을 발견했다.

인간은 언어를 통해 자신의 경험을 표현할 수 있는 기술을 가지고 있지만 셰익스피어가 글을 통해 표현한 그 유명한 책 『로미오와 줄리엣』을 읽으면서 갖은 많은 느낌을 얼굴의 표현을 통해 표현하지 못했다. 헤라클레스가 들고 있던 지구의 무게에서 벗어나기 위해 그것을 내려놓을 수 있었는데도 불구하고 그러지 못했고 그의 진정한 짐은 가슴속 깊은 곳에 넣어 둔 것 같다.

우리는 자신의 동기나 어떤 사람을 조건을 가지고 사람들을 만날 수 있다. 우리가 누군가를 만나면 상대방이 그 누군가를 어떻게 판단하고 생각할 수 있는지에 대한 일종의 불안감을 가질 수 있다. 우리의 감정을 숨기고 가능한 한 자신을 묘사하려고 시도할 수 있다. 회의에 참석하기 전에는 회의 결과를 예측하기가 어렵고 상호 간의 아이디어 교환은 개인적인 요구 사항과 선호도에 따라 이루어진다. 우리는 낯선 사람을 만나며 조금은 알게 되는 그 사람의 성격에 대한 견해를 공유하곤 하다. 낯선 사람을 만나는 것은 우리가 얻고 잃어버린 것을 받아들여야 하는 '케이크의 조각(쉬운 일)'이 아니다.

성서에 따르면, 인간이 이 땅에서 살기 시작한 이래로 그들은 죄인이었다. 그 죄의 무게는 감당할 수 없으며 구원을 얻거나 심판의 날을 기다려야 한다. 하나님께서는 당신에게 구원받기를 원하거나, 당신이 살고 싶은 길을 선택할 선택권을 주셨다. 우리는 사람들이 속한 사회에서 누리는 재정적 지위나 인종적 배경과 관계없이 모든 이의 삶에서 행복과 불만을 찾을 수 있다. 우리가 눈으로 확인할 수 있는 짐의 무게가 아니라, 사고와 가슴속에 묻혀 있는 무게의 느낌일 것 같다. 우리는 아이디어들을 생각해 내고 노력을 기울이는 것에 최선을 다한다. 우리의 육신을 유지하는 데 기본적으로 필요로 하는 '숨 쉬고, 먹고, 자고, 말하고, 등등' 움직임을 멈추지 않는 운명의 바퀴 같은 그런 짐들을 우리는 잊고 산다. 이와 같이 우리의 동의 없이 우리를 옥죄는 사슬에서 축복과 자유를 느낄 수 있다.

일단 우리가 불만에 사로잡히면 오랫동안 머물지 않고 빠져나온다. 때때로 기억은 우리가 겪었던 사건들을 되새기고 회상하게 하다. 사람들은 우리가 잠시 안도감을 느끼며 문제를 해결할 수 있는 제안과 방법을 제공하지만 그런 것들은 우리에게 문제를 해결할 수 있는 정답이 아닐지 모른다.

불교에서는 인간은 고통 속에 태어나며 그를 통해 배움과 가르침으로 살아가며 봉착하는 난관에 대처할 수 있는 기술을 터득한다고 한다. 부처님은 해탈(번뇌와 속박에서 벗어남)하신 위대한 영적 지도자였다.
기독교에서 인간은 원죄를 갖고 태어났다고 한다. 또한 인간은 주어진 운명에 따라 살아야 한다는 견해도 있다. 삶에서 만나는 모든 장애물을 극복할 수는 없기에 고통을 받고, 헤쳐 나가며 행복해한다. 그래서 행복과 고통은 평행선에 있는 것 같다.

우리는 우리가 속한 사회가 건강하게 지속되도록 유지해야 하는 책임이 있다. 건강한 환경에서 살아가고 그 환경을 인류의 후손을 위해 물려주기 위해서 파괴되지 않게 해야 한다. 우리는 학교 교육 과정에서 우리의 잘못으로 미래의 사회가 더럽혀져 후손에게 비난을 받지 말아야 한다고 배웠다. 하지만 현실에선 환경보다는 우리 자신의 안락함을 추구하며 안전하고 깨끗한 사회를 유지하는 데 무관심해야 한다.

하나님께서도 '짐'이라는 단어에서 벗어날 수 있는 예외적인 존재가 아니다. 성경에서 하나님께서는 인간의 짐을 대신해서 짊어지셨다. 하나님께서 짊어진 짐은 육체적인 짐이 아닌 정신적인 것에 더욱 가깝다. 주변에서 우리는 쉽게 사람들 사이에서 감정적으로 좋거나 나쁘게 대하는 것을 접할 수 있다. 그들은 쉽게 선과 악의 감정에 의해 지배를 받지만 얼마 후에 그들은 자신이 옳다는 것을 증명하기 위해 좋은 감정으로 논리적으로 말할 수도 있었다는 것을 깨닫는다. 어떤 사람들은 어려운 상황을 극복하고 자신의 안녕을 위해 기도하지만 또 다른 사람들은 물리적으로 싸우거나 구두로 논쟁하며 자신이 옳다는 것을 증명하려 한다.

거의 모든 사람은 자연에서 그들의 음식과 피난처를 찾았기에 자연을 숭배하는 것이 일종의 의무라고 생각했을 것이다. 동물을 사냥하고 그들은 감사함을 표현하기 위해 고기의 일부를 자연에 바쳤고, 그 초자연적인 존재는 그들을 인도하는 수호천사였다. 이 수호천사들은 인간들의 생계를 위한 절대적인 존재였지만 천재지변을 경험한 인간들에게는 무서운 존재이기도 하다. 하나님께서도 항상 따뜻한 마음으로 인간들에게 자비를 베풀어 주신 것은 아니다. 인류는 노예가 되었고 재앙적인 기후에 죽어 갔고 지금도 일어나고 있는 것처럼 홍수에 휩쓸려 간다. 예수님을 따르던 자들이 콜로세움에서 사자의 먹이가 되었고, 산 채로 불에 타고 로마와 오스만 제국에 의해

학살을 당할 때 그들을 구하지 않았다.

　성서 창세기에는 "하나님의 자비는 영원하다."라는 구절이 있다. 하나님께서는 먼저 남자(아담)를 만들었고 그 후 그의 짝인 하와를 만들었다. 그러나 하나님의 말씀을 거역하자 그들을 에덴에서 쫓아내시고 저주하셨다. 이 저주는 그들이 살아가는 데 고통을 받기도 하고 행복할 수도 있는 기회를 주셨다.

　하나님께서는 인간을 위로하시고 그 곤경으로부터 구하고자 계획하셨고 그 뜻을 전하고자 많은 예언자를 보내셨다.

　인간은 그 뜻을 모르고 많은 잘못을 저질러 죽음의 길을 걷거나 고통받았다.

　성경에 의하면 하나님은 인간을 사랑하셨기에 인간들을 구원하기 위해 하나님의 유일한 아들인 예수를 인간의 구원자로 보내겠다고 약속하셨다.

　이에 대부분의 사람은 누군가 우리를 감시하려는 것이라 생각했다. 사람들이 많은 종교, 많은 종파에 속해 있기에 어느 특정 종파를 얘기하는 것이 아니다.

　대부분의 인종은 구원자가 누구인지 알고(그 당시 유대인들은 하나님께서 구원자를 보내시겠다고 약속하셨다) 그는 자신의 지도자들을 향한 반란의 결과로 그 대가를 치렀다(예수를 양손과 발에 못을 박은 채로 십자가에 매달았다).

　결국 하나님이 사랑하는 인간들을 구원하는 것은 기독교뿐만 아니라 다른 종파도 그들의 희생에 관한 이야기를 한다.

불교는 서로 사랑하라 가르치며 평화라는 단어는 주문과 공명한다.

자이나교 또한 그 본연의 방법으로 인류의 평화를 기원한다.

모든 종교는 인류가 바른길로 가도록 힘써 왔다.

사람들이 그들의 이익을 취하거나 평화를 성취하는 일은 단순하지 않다.

과거에 우리는 비극, 죽음, 투쟁 등의 증인이었다.

사람들은 이 모든 불행이 하나님이 그들을 처벌하기 때문이라 믿는다.

신께서는 우리의 삶에 절대적인 역할을 하신다.

정확한 답은 모르지만 주변 사람들에게서 들은 경험과 이야기를 통해 아이디어를 얻을 수는 있다.

하나님은 우리의 실패와 성공에 대한 책임을 가지고 계신가? 그것은 여전히 우리에게 물음표다.

우리 지구가 존재하는 것처럼 천체 물리학자의 주장에 따르면 살아 있는 다른 행성들도 존재할 수 있다. 작은 녹색 몸과 큰 눈의 생명체가 존재한다는 의견이다. 힌두교에서 말하는 외계 데바(Extraterrestrial Devas)와 락샤사(Rakshasa, 몸에 검은색의 머리카락을 가진 악마), 나는 용 등…. 그들이 진짜인가? 우리는 그런 것이 사실이라는 증거가 거의 없다고 믿는다. 여러분은 내가 그들의 대해 말하는 것에 대한 탐구를 할 수도 있지만 나도 정보가 거의 없다. 여러분에게 무엇을 더 말씀드려야 할지 잘 모르겠다.

한 가지 확실한 것은 우리가 지구에서 필요한 자원을 얻는다는 것이다. 경전에서는 우리의 생존을 위해 자원을 누릴 수 있다고 한다. 그래서 나는 환경 위기의 재미있는 논리에 관심을 갖게 되었다. 내가 학생이었을 때는 미디어에 대한 접근성이 부족했기 때문에 우리 주변에서 일어나는 기후 변화를 알지 못했다. 내가 대학에 다닐 때, 동급생이 캘리포니아 산불에 대해 이야기했을 때, 나는 대답할 수 없었다. 기회가 있었어도 라디오를 듣지 않았다. 우리는 대학을 졸업한 후 서로의 목표를 향해 떠나갔다. 그 이후 나는 20여 년 동안 다양한 뉴스 매체를 접하여 왔다.

온도의 변화, 공기와 물의 오염, 북극의 해빙에 의한 해수면 상승, 예상하지 못한 기후 변화에 대해 듣고 있다. 이러한 현상은 우리의 '집'인 지구를 황폐화하고 있었다. 이러한 재난과 관련된 우리 자신이 비난의 대상인 것이다. 지구는 끊임없이 우리에게 필요한 모든 것을 제공하고 있으나 우리는 우리의 이익을 위해 지구에 해를 끼쳐 왔다.

사람들의 '베풀고 되받기(Give and Take)'는 합리적이고 도덕적 의무로 들리지만, 우리와 지구 사이에 발생하는 일들은 인간의 이익만 추구하며 '베풀고 되받기'를 실현하지 않았다. 우리는 단지 재난에 기인한 것에 대해 이야기하거나 잡담으로는 지구를 보호할 수 없다.

예를 들면 경작지가 모래사막으로 황폐화되는 것이다. 우리는 가능한 한 지구 기후 변화 및 온도 상승의 영향과 원인에 대해 사람들에게 알리고 지구를 구하기 위한 실질적인 조치를 취해 나가야 한다.

우리는 심각하게 생각하지 않고 자원을 쓰레기로 만들어 지구를 망가지게 한다. 휴지기 없이 농지를 경작하여 토양이 자양분을 잃고 사막으로 바뀔 수 있으며, 더 좋게 가공한다는 명분하에 화학 물질 및 성분을 혼합하여 보다 싱싱하고 매력적으로 보이도록 하지만 정작 공기와 물은 오염되어 인간의 호흡 곤란을 유발하고 치명적인 결과를 초래하게 한다. 우리는 기후 변화에 대한 정보를 수집하고 그것을 우리 자신의 것으로 진지하게 받아들이고 필요한 조치를 강구하며 시간이 흘러 치유될 때까지 기다려야 한다.

인간은 그런 치유 방법을 생각하지만 일상생활에 바쁘게 얽매이다 보면 한 걸음 뒤로 물러서서 다시 고민하지 않는다. 우리는 다양한 의사소통 수단을 통해 우리의 생각을 공유하고 지구에 준 부담을 걷어 내어 지구가 살 수 있게 하는 것이 우리가 살 수 있는 방법인 것 같다. 서로를 비난하는 게임을 하는 것이 아니라 우리의 생각을 사랑으로 공유하려고 해결해 나갈 수 있도록 노력해야 한다.

'우월성'은 모든 생명체가 추구하는 일종의 힘이며 우리 삶에 절대적인 영향을 끼쳐 왔다. 그것은 우주의 기원과 함께 시작되었고 멈출 수 없는 여행을 하는 것과도 같은 것이다. 인간과 동물 사회는 보호받고 인도를 받을 때 안전하다고 느낀다. 그래서 인간은 유해함과 위험에서 자신을 지키기 위해 자신의 부와 무신론에 의존한다. 동물 사회에서조차도 위험을 탈출하기 위해 또 다른 방어의 수단을 사용한다.

　노예 제도는 그 뜻 그대로 부와 힘이 있는 사람이 다른 사람을 이용하여 내가 편히 살며 부와 권력을 유지하는 제도였다. 역사 속에서 고위층일수록 더 많은 노예를 소유하고 있었고 그 노예 제도는 그들의 문화로 인식되었고 유지되었다. 노예들은 분노, 고통, 외로움을 드러내며 표현할 수 없었고 주인의 억압적인 통제 아래에 있었다. 그들은 불평과 반항을 할 수 없이 살아야만 했다. 노예 제도는 하나의 특정 국가가 아니라 전 세계에 걸쳐 존재했다. 노예 제도는 흑인이 노예가 된 사건뿐 아니라 모든 인종에 있어 존재했다.
　자녀를 권력자에게 팔고 또한 그들에게 잘 보이기 위해 아내를 함께 자게 하며 충성심을 표출했다.
　사람들은 자신의 치부와 배신을 감추기 위해 자신의 가축을 권력자에게 바쳤다. 경전에서 우리는 소녀들과 동물들을 소유하여 자신의 사회적 지위를 내세우는 행위에 대한 충분한 사례들을 찾을 수 있었다. 대부분의 권력자는 자신만의 이득을 취하였었지만 고통받는 사람들을 돌봐 줬던 권력자도 있을 수 있었다.

　시간이 흐른 후 르네상스 시대 유럽의 학자들도 인간의 감정을 깨닫고 인식하면서 그들과 같은 경험을 하게 되었다. 그것은 천천히

전 세계로 퍼졌지만 여전히 일부 지역에는 메시지가 도달하지 못했다. 현재도 위에서 언급한 문화는 여전히 세계의 많은 지역에서 실행되고 있다. 따라서 위의 문화는 좋든 나쁘든, 누가 이 문화에 대한 책임이 있는가? 그분이 하나님인가? 우리는 그분이 우주를 창조하시고 우주의 첫 번째 인간이라고 믿는다.

그가 우리에게 이 문화를 가르쳤다고 생각했기 때문에 그분을 숭배하는가?

그분께서는 우리에게 예배하고 섬기는 방법을 가르쳐 주셨다. 노예가 인간의 짐이라는 사실을 알고 있듯이 이 노예 제도의 책임은 궁극적으로 하나님께로 돌아가게 되는데, 그분은 우리에게 자신이 원한 대로 따르면 본받았기 때문이다(강조하는 뜻이 깔려 있다).

노예 제도는 우리에게 무의식적으로 고통을 가져다주었다. 우리 선조들은 노예 제도를 하나의 문화로 인지하고 유지하며 스스로를 깨우치려 하지 않았다.

이제 우리는 자유, 의지, 보안 및 개인 정보 비밀 유지 등의 권리를 정부에 촉구한다.

인류는 사실 우리 조상들의 눈물과 땀이 있었던 그 기반 위에 경제적 부를 축적하고자 한다. 사람들이 부와 건강, 호화로운 삶에 대한 갈망을 충족시키기 위해 돈을 버는 경향이 있는 것처럼 노예 제도는 끝이 없을 것이다. 어떤 곳이나 사람들은 다른 사람들을 배려하며 좋은 감정을 가지고 있지만 그 반대의 경우도 상존한다. 때때로 우리는 잠시 배우자나 친구에게 슬픔과 애도를 표하고, 지지와 기도는 하지만 실체적으로 실행하지 않는 자신을 발견한다. 누구도 그들 앞에 나는 구원자라고 말하며 나설 수 없기 때문이다.

누군가가 침묵을 깨고 나서려 하면 외부인으로 간주되고 무시당하여 성공하는 사람은 1%도 되지 않는다. 노예 제도는 하나님이 주신 축복이나 저주가 아니라, 다른 인간을 지배하는 데 막강한 역할을 한 권력자에 의해 만들어지고 유지되었던 제도였다.

계층 구조의 부담에 대해 이야기해 보겠다. 경전(구약 성서)에 따르면 우리는 누가 누구의 아들이고 누가 누구의 아버지인지 밝히는 내용을 읽을 수 있다. 나는 그것이 꽤 무의미하다는 것을 알았다. 오직 아들만이 가족의 부와 소망을 간직할 수 있었다. 가부장제는 거의 모든 곳에서 시행되었으며, 부모님이 돌아가신 후 아들은 남겨진 것에 대해 책임을 진다. 농업이 생계의 수단이 된 이후 부모님이 남긴 것은 무엇이든 합법적으로 아들에게 상속되었다.

인간은 경작을 위한 토지를 찾고 가축은 토지를 쟁기질하기 위한 도구로 사용하기 시작했다. 인구가 늘어남에 따라 더 많은 것이 필요해졌고 그 가족에게 제공해야 하는 것이 더 많아지면서 짊어질 짐의 무게는 더 많이 늘어 갔고, 상속인들은 그 필요를 충족하기 위해 더 많은 짐을 지게 되었다.

드물게 여성들도 상속자가 되는 경우가 있었지만 빙산의 일각에

불과했다. 자신의 자손이 없는 사람들은 때때로 친척의 아들을 입양
하거나 신뢰할 수 있는 곳에서 아들을 찾았다. 한 예로 나를 키워 주
신 조부모님이 임대한 그 가게 주인에게는 자녀가 없었다. 임종 당
시 그는 모든 재산을 조카에게 상속해 주었다. 나는 이 조카에 대해
전혀 알지 못했다. 나중에 우리는 그가 즉시 그 가게를 팔고 싶어 한
다는 것을 알았고 우리는 그에게 거래를 요청했다. 모든 법적 절차
를 마친 후 그는 실제 가치 50%의 현찰을 받았고 소유권 이전만 남
게 되었지만 어디론가 사라졌고 법원에서 관련 소송이 진행되어 왔
다. 그 가게 주인이 직면했던 문제를 해결하거나 당초의 매매 계약에
만족하지 못하고 더 많은 돈을 받아 내고자 의도적으로 자취를 감췄
을 수 있다. 어찌 되었든 어떤 것의 부담은 풀기 쉬운 간단한 퍼즐이
아니었다. 때로는 행복과 슬픔의 순간이 된다. 누구나 성공과 실패라
는 부담을 경험하게 되고 이 두 결과는 우리의 인생과 평행선을 그리
며 나란히 간다. 그러면서 우리는 증오, 사랑, 희망, 의무, 공유, 잃어
버린 회피, 간과, 상호 작용 등을 배운다. 나이가 들수록 이러한 감정
은 삶에서 더 많이 접하게 되며 이런 경험 토대로 성숙한다.

　모든 선거에서 후보자들은 사람들에게 더 나은 생활 환경에서 편
안하게 생활할 수 있게 하겠다는 연설문들을 준비하고 안전한 근무
환경을 정부 산하 관할 부서에 요구할 것이다. 이런 공약에 근거하여
사람들은 투표를 하고, 일부는 미래 전망을 예측하며, 일부는 후보자

의 가족 배경 및 자신의 장래에 도움이 될지를 판단하여 투표한다.

선출된 사람은 동료에게 편안함을 느끼지 못하거나 그 반대의 경우일 수도 있으며 그들의 행동에 배신감을 느낄 수 있으며 자신의 행동에 대해 후회할 수도 있다. 그들은 국가를 통치하는 이러한 곤경에서 벗어날 수 없으며, 꿈을 꾸었을지도 모르는 쉬운 일이 아니며, 당신이 따르는 정치 이론에 의존하지 않는다.

사람들은 자신의 행동에서 차별화를 보여 주며 리더가 통일되도록 똑같이 행동하지 않는 것은 불을 가로질러 달리는 것과 같다.

사람들은 실패한 행위 후에 후회하지만 대부분은 그것을 해결할 해결책을 찾을 수 없으며, 행운의 바퀴는 그 자체의 방법으로 세울 수 있는 것을 강조하지 않는다. 누구도 완벽하게 수행하지 않는다는 것을 알고 있기 때문에 우리는 작업에 근접하게 도달할 수 있으며, 그것에 가까워지는 것은 항상 의지를 가지고 있는 사람이다. 일반적으로 동일한 실수가 반복될 수 있다. 완벽하다는 짐은 항상 우리 삶에 남아 있지만 그것을 극복하는 것이 우리의 운명이다.

분명히 이 세상의 모든 생명체는 나름대로 스트레스를 받고 있다. 아이들은 스펀지처럼 관찰력이 뛰어난 두뇌를 가지고 있으며, 우리는 아이를 키우는 동안 아이가 어떤 일에 몰두하고 있을 때 관찰함으로써 이 놀라운 행동을 목격하고 있다.

그들은 언어뿐만 아니라 다른 신체 활동도 배우게 된다. 아이들은 항상 자신들이 원하는 것을 하게 허용되지 않지만 그들을 돌보는 사람은 아이들이 스스로 사회의 규범과 어울리고 잘 지내는 방법을 알려 준다. 예를 들어 일부 어린이는 보호자가 질문하는 내용을 정확히 이해하지만 일부는 절반만을, 또 다른 일부는 전혀 이해하지 못할 수 있다.

그 결과에 따라 아이들은 보상을 받지만 교사나 보호자의 판단이 정당한지 아닌지는 우리도 모른다. 아이들이 가까운 장래에 무엇을 접하게 될지 분석할 수도 없고 예측할 수도 없다. 시간이 흐르고 세대의 변화를 느끼기 때문에 초고속 기술 르네상스가 이 세상 구석구석에서 일어나고 있다. 우리는 우리가 완벽하지 않다는 것을 스스로 알고 있기 때문에 자신의 지식에 근거하여 아이를 판단해서는 안 된다. 단지 아이들이 웃고, 놀고, 다른 활동을 하는 것을 보며 우리는 감동한다. 그러나 이런 표현들은 아이들이 자신의 동의나 의지와 무관하게 밀려났을 때 불편한 환경에 울고 소리를 지르며 감정을 표현하는 것이다.

물론 이 제스처 뒤에는 많은 이유가 있다. 그리고 다양한 소아과 의사 및 심리 치료사는 그 이면에 있는 현상적 존재와 이성의 행동에 대해 말한다. 그런 행동은 특히 자신의 언어 능력을 사용하여 생각이나 감정을 주변 사람들에게 표현하지 못할 때 아이들이 겪는 스트레스 때문이라고 대부분 그들은(아동 발달 프로그램 전문가) 말한다. 이는 여러 언어학자의 이론과 연구를 바탕으로 한다.

아기는 옹알이, 어린이는 언어, 그림 등으로 자신의 언어 능력을 사용한다. 아이가 사람을 만나고 그 사람이 아이가 말하고자 하는 언어나 메시지를 알아채지 못하면 이 아이는 다른 수단을 통해 절망감을 보여 주기 시작한다.

성인도 오해를 받으면 그러한 대화의 어려움을 겪는다. 드물게 아이도 성숙한 사람같이 행동할 때가 있다.

그럼에도 불구하고 그들은 다양한 수준의 언어 능력을 가지고 있으며 많은 영역에서 많은 공통점을 가지고 있다.

우리가 이해하는 아이들이 겪는 많은 불편함과 짜증은 바쁜 일상 속에서 자주 간과하게 된다.

심리학자는 부모나 아는 사람으로부터 학대를 받은 아동은 가슴에 상처가 남는다고 한다. 그 상처는 시간이 지나도 사라지지 않고 가슴속 깊은 곳에 커다란 점이 되어 남는다. 상처와 함께 자라나는 아이는 어른이 되면서 상처를 줬던 사람들과 같은 성격과 행동을 형성하곤 한다. 반복적인 학대로 불안, 고통, 분노의 트라우마를 겪은 아이는 그 가슴속에 깊은 상처를 남긴다. 이로 인해 아동은 학대자와 신체적, 정신적으로 유사한 비정상적인 행동을 보일 수 있다. 결과적으로 이런 상처는 사회에서 사람들을 만나면 행동으로 표출될 수 있다. 이 흉터의 부담은 아이에게 주어진 과제를 정상적으로 수행하지 못하게 하는 상당한 영향을 미칠 수 있다.

모든 종교 문헌에는 "네 이웃을 네 몸과 같이 사랑하라."라는 문구가 있다.

이 글은 귀머거리에게 들려주는 말과도 같다.

여러분이 나의 글을 읽고 무언가를 얻거나 아니면 아무것도 얻지 못하는 것은 나의 판단이나 의지에 따른 것이 아닌 것 같다.

헤라클레스의 짐

사람은 성격을 알아보면 인정을 하지 않는 사람, 거절, 돌아서는 모습 그리고 본인 자체를 부정하는 등의 부정적인 모습을 부끄럽게 여기는 경향이 있다. 본인의 친인척과 가까이 있는 사람들이, 이 부정적인 성격을 인정하기 어렵지만, 거의 사람들이 이 성격을 가지고 있다. 그리고 우리는 단점과 장점이 있는 게 분명하다. 사람들은 어떠한 면에서 서로가 연결되어 있다. 예를 들면 누구의 아버지, 누구의 어머니, 자매, 형제 그리고 친인척 등.

우리의 존재감을 설명해 주는 것 중 하나는 부모라는 단어와 같다. 부모는 본인들이 자녀를 키우면서 그들의 교육과 건강을 책임진다. 시간이 갈수록 자녀들은 지식과 몸 상태의 변화를 크게 느끼기 시작한다. 자녀들은 크면서 본인들의 요구와 기대가 하늘과 땅만큼 될 것이다.

사람들은 아주 큰 행복을 느낄 때가 아마도 아이를 가질 때나 아이를 어떤 소속에서 입양할 때일 것이다. 그러나 시간이 흘러가면서 그 행복이 불행한 쪽으로 갈 수 있다. 아마도 부모는 큰 절망에 빠질 수도 있다. 왜냐하면 울음소리뿐만 아니라 경악스러운 소리가 터진다. 아이는 본인 감정을 울음을 통해 표현한다. 부모는 새로운 일, '보호자'라는 게 생기면서 책임이 커진다. 어느 순간 어디에서나 어떠한 일이 일어날 수 있기 때문에 부모는 꿈꾸었던 그 인성을 다할 때 성취감을 느낀다. 그러나 그런 기회는 사람들에게 매우 드물다. 자녀와 부모의 관계가 흩어지면 상처를 남기게 된다. 처음에는 부모의 기대가 자녀의 기대가 될 수 있다. 그러나 자녀가 사춘기에 발을 내딛는 순간 취향과 선택의 범위가 부모와 달라진다. 자녀는 절대 부모의 틀에 넣을 수 없다.

조건부 기대감이 있어야 한다. 귀가할 시간, 식사할 시간 그리고 빨래해야 할 시간 등.

과거에 보면 어린이들이 집안을 책임지고 돈을 벌어 와야 했다. 남자들만이 부모의 자산을 상속받을 수 있었고 대부분의 여성은 나중에 이것을 받게 되었다, 물론 오늘날, 이것들이 많이 달라지지는 않았지만 자산을 미래에 자녀들에게 나누어 준다.

러시아 작가 라스푸틴이 쓴 책 『엄마』에서 우리는 차가운 공간을 느끼게 된다. 이 책은 어떠한 엄마가 본인의 자녀들에 대해서 느껴왔던 순간을 표현한다. 대부분의 여성이 본인의 가족을 위해 희생한다. 어머니들은 가족들의 행복과 안전을 위해서 본인을 앞세우고 그 대가를 짊어진다. 어머니는 가족을 위해 밤을 새울 것이다. 본인의 가족이 혹시나 어떠한 일에 말려들 수 있으니까. 어떠한 날씨도 어머니 마음의 무릎을 꿇게 만들 수 없다. 어머니는 바위처럼 단단하고 구름처럼 부드럽기 때문이다. 본인의 가족을 위해서라면 어머니의 역할이 크지만 아버지도 어머니 못지않게 고독한 일을 하면서 가족을 위해 생계를 책임진다.

오늘날 많은 나라가 먹는 것과 주거지가 부족하다. 자녀들에게 필요한 것을 마련하기 위해서 부모들은 고통스러운 길을 간다. 그래서 그들이 광산에서 미네랄, 석탄 그리고 암염 같은 위험 요소들을 채석한다.

그들은 피와 땀을 흘리면서 본인들의 마음과 정신을 변함없이 지킨다. 어떤 분들은 잘 걷지도 못하면서 흙과 모래 포대를 들고 걷는다. 본인들의 가족을 하룻밤이라도 잘 재우기 위해서이다. 다른 사람들에게 구애를 받지 않고 그 험한 길을 걸어가려고 애를 쓴다.

우리는 일상생활에 있어서 누군가가 나의 말을 들어 주고 대답해 주기를 바란다. 우리는 태어났을 때부터 누군가가 부드러운 손으로 만져 주고 부드러운 마음으로 안아 줬으면 한다. 우리는 그 사람을 알아본다. 우리가 6개월에서 8개월이 될 때까지 우리는 부모를 인지한다. 부모는 우리를 키우는 동안 어떤 상황을 마주하는지 우리는 모른다. 우리가 커 가면서 초등학교에 입학할 때쯤 부모들은 우리가 좋은 학교에 갔을 거라고 기대한다. 그러나 우리는 우리 운명대로 어디에나 가게 된다. 그리고 우리는 우리의 허락 없이 뒤따라가는 것을 원하지 않는다. 자녀가 시험을 보러 간다면 대부분의 부모가 본인 자녀가 월등하기를 바란다. 공부만이 자녀의 선택이 아닐 수도 있다. 그래서 우리는 부모와 자녀 간에 많은 충돌이 일어난 것을 보게 된다.

누군가에 대해 글을 쓰려면 그에 대한 배경지식을 모아야 하고 생각도 할 필요가 있다. 이 일은 바위처럼 무게감도 있고, 장미처럼 부드러울 수도 있다. 우리는 우리의 친구들과 이웃들과 많은 이야기를 나눌 수 있다. 나는 열 살에서 열두 살까지 많은 사람을 봐 왔다.

그 어떤 목적을 성취하려면 그 누군가가 본인의 동료들에게 대화하면서 설명하고 제안을 한다. 목적지가 다르지만 물품을 받고 풀고 정리하고, 변하지 않는 소리, 예를 들면 동료들의 신발을 톡톡 치는 소리, 기계가 돌아가는 소리 등이 우리 집중을 방해하고 우리의 개인적인 구역을 빼앗는다. 우리의 목표는 시간 내에 달성하는 것이다. 그러나 우리는 익숙하지 않은 상황을 마주하게 된다. 목표가 중요하지만 우리의 소망이 없어질 수도 있다.

생애 각각에서 보면, 지금이나 예나 인생사는 똑같은 것이다. 하지만 어떤 것은 물리적인 것을 기계적인 것으로 바꾸고 있다. 옛날에는 사람들이 농사, 집을 지을 때, 가축을 키울 때 그리고 식사를 준비할 때, 도구 아니면 물리적으로 해결했지만 오늘날 기계로 많은 일하는 용법을 교체하고 있다. 대부분의 사람은 도시에서 기계의 도움을 받아 편한 생활을 살고 싶어 하지만 시골에서는 옛날과 같은 도구를 활용하면서 생계를 유지한다. 그러나 사람은 편한 삶을 유지하기 위해 본인의 만족도가 중요하다.

현대 시대에 성공은 속도가 되어 버렸다. 격렬한 변화가 사람들이 사는 곳에서 보이기 시작할 수 있을 거다. 그러나 이러한 발전이 진실로 어떤 결과를 가져올지는 우리는 모른다. 땅이 꺼지고 물이 넘쳐서 사물을 삼켜 버릴 수도 있다. 엄청난 노력이 긴 시간 동안 걸릴 거다. 이를 유지하기 위해서 사람들은 이런 재난 방어 대책이 필요하다. 홍수나 가뭄이 가져온 피해를 헤아리려 한다. 지구는 말 그대로 연약한 존재이기 때문에 자연 재난이 일어날 때마다 우리는 불안정하다. 모든 사람에게 자유는 영향력이 있는 단어가 되어 버렸다. 그러나 이 자유를 받아 주는 사람들이 똑같지는 않다. 반대하는 사람도 있지만 찬성하는 사람도 있기 마련이다. 그리고 이것은 본인들의 철학과 필요성에 기반한다.

사람들이 책임감을 피하려고 한다. 그러나 마음과 정신으로 그들이 무엇을 필요로 하는지 사람들은 알아야 하고 생각해야 한다. 지구도 같이 숨 쉬는 존재이다. 책임감은 저절로 느끼게 하는 것이 아니라 누군가가 사람들에게 가르쳐야 한다. 우리는 기계를 이용하여 손쉽게 접할 수 있다. 그러나 정보를 받기 어려운 지역에 우리가 정보를 전달해 주는 것은 쉽지 않다. 정보가 제한된 지역에는 우리가 가능하면 정보를 전달할 수 있는 기계, 예를 들면 태블릿, PC, 스마트폰 그리고 라디오, 물론 라디오가 옛날의 수단과 방법이기는 하지만, 이것을 정보력 자원으로 줄 수 있다. 이것은 없는 것보다 있는 것이 중요하다. 우리는 우리의 하나밖에 없는 '집'인 지구를 보호하기 위해 정보가 필요하다.

우리는 편한 생활을 원하지만 결과적으로 이것이 우리를 지옥에 끌고 갈 수도 있다. 분명하게도 모든 일을 다 손에서 놓고 지구에만 집중하기는 절대적으로 어렵다. 우리는 개인적으로 물리와 시간을 투자해서 명예와 지위를 가질 수 있다. 어떤 때는 이것을 돌처럼 느낄 때가 있는가 하면, 어떤 때는 새처럼 부드럽게 느낄 수가 있다. 사람들은 깨닫기 위해서 물리적인 방식만이 아니고 공감 능력을 키워야 하고 그들이 알아들을 때까지 많은 시간을 기다리게 된다.

'미션'은 불가능하지는 않지만 우리는 충분한 지식 없이는 나서서는 안 된다. "나도 나를 모르는데 어떻게 내가 너를 아냐?"라는 속담이 있다. 역설적으로, 우리는 가끔 "내가 너를 다 안다."라고 말하고 진짜 아는 척을 한다. 그러나 그것은 착각일 뿐, 우리는 그 사람들과 같이 살아 있게 된 것이 아니다. 유사한 취미와 행동이 있어서 우리는 우리 친구들과 설득할 수 있는 능력을 가질 수 있지만 그것은 어떤 기간, 제한적인 영역에서 할 수 있는 것뿐이다. 분명 다른 상대방이 어떤 상태에 있는지 우리는 모르지만, 우리에게 공통적으로 있는 것은 인간성의 본능이며 그것은 우리에게 속삭여서 가능하게 할 뿐이다. 그래도 목적을 달성해서 우리는 다른 생물과 피조물과 같이 평화롭게 살 수 있는 것이다. 그러나 우리는 주위 상황을 무시해서는 안 된다.

앞에서 쓴 글을 보면 우리 지구는 나약하고 연약하다. 우리 지구에 대한 아픔과 동감을 가지고 이것을 보호해야 한다는 것을 잊지 말아야 한다. 지구는 우리를 외계로부터 보호하고, 먹을 것과 안식처까지 보장해 준다. 지구는 그 어떠한 것들보다 우리에게 너무나 귀한 선물을 주고 우리를 죽을 때까지 보호해 준다. 우리는 지구를 '지구 엄마'라고 부를 때도 있다. 분명 우리는 우리의 목적을 어느 날 인지하고 도달할 것이고 우리가 무엇을 해야 할 것인지 받아들여야 할 것이다.

끝으로 서로를 도와준 것은 우리 마음과 생각을 교류한 것이다. 서로를 이해한 것은 매우 중요하다.

자본주의 세계에서 자산은 아주 중요한 요소이다. 이 현장에 사람들을 끌어당기려면 돈이 큰 역할을 하면서 사람들은 본인들이 살고 싶은 삶을 산다. 자본주의 세계는 투자가 큰 역할을 하지만 결과는 예측할 수 없다. 사람들은 예측할 수 없고 '득이냐 실이냐?' 하는 생각만 떠오른다. 우리 마음에 어떤 생각이 떠오르는지 알지도 못하고 헤매고 더 앞서가는 것에 주저앉는다.

그러나 돈이 우리 인생을 행복 아니면 절망에 빠트릴 수 있는 것은 불확실하다. 각각 지역에서 작고 큰 흐름이 있다는 것은 가능한 일이다. 적은 금액을 가지고 투자한 사람들을 '개미 투자자'라고 부른다. 그러나 이 투자 전쟁이 주식 시장에 어마어마한 영향력을 가지고 온다. 주식에 큰 자금을 투자한 자들은 아무 영향도 받지 않을 것이다. 주식이 내릴 때마다 '개미 투자자'들에게 큰 상처를 남긴다. 시장이 흔들리기 시작하면 경제학자와 시장 분석자들 입에서는 '불경기'라는 단어가 나온다.

물가 상승은 시장들을 도청하게 만든다. 그리고 시민들이 긴장하게 된다. 분명 사람들은 물가 상승을 잘 알 수 없어서 놀란다. 그러나 각각 언론에서 사자처럼 으르렁 소리가 진동하면 시민들은 그 단어의 바른 뜻도 없이 놀란다. 나는 오늘 'Sovereign(주권자)', 이 단어를 핸드폰에서 봤다. 이 단어가 주제 역할을 한다. 이것은 고정 수입과 부동산의 저울질로 시장 변화가 생길 때마다 일부 금액을 투입시켜 안정감을 준다. 투자가 증가할수록 시장에 일감이 생긴다. 이것은 노동자 계급의 임금을 인상하게 하고 현금 흐름이 매끄러워진다. 물가 상승은 잘사는 나라보다 못사는 나라에 비극적인 현상을 가지고 온다. 가상 화폐를 시장에 소개한 것은 주식 시장을 나약하게 만들어 간다. 이 화폐는 기대가 많은 사람에게 파급 효과를 주면서 하루아침에 그들을 부자와 거지로 만드는 경향이 있다. 가상 화폐를 파내려면 많은 에너지가 소비된다. 그중에서도 전기가 주로 사용된다. 결국 이것은 자연환경을 파괴하고 강력한 피해를 사람들에게 입힌다.

그러나 다른 피조물을 발견하고 궁금한 심정, 관심 그리고 기적에 이른 것이 사람들을 이끈다.

우리의 목적은 잘 사는 것뿐이다. 우리는 자연 재난에 대해서 때때로 듣는다. 그러나 일상생활 때문에 우리는 이것을 잊어버리게 된다. 지난날, 나는 텔레비전에서 미국 국회가 거액의 금액을 통과시키는 것을 보았다. 그 돈은 자연을 보호하자는 의미였다. 그럼에도 불구하고 미국의 자연과 관련된 과학자가 이 금액은 부족하다는 말을 했다.

물론, 투자는 자연 재난의 속도를 꺾을 수는 있지만 우리는 앞으로 우리의 미래 세대를 위해서 집중할 필요가 있다. 바람직한 시장을 위해 주식을 투입하는 것은 실수하는 것이 아니다. 옛날에는 화폐와 동전이 없었기 때문에 물물 교환을 하곤 했다. 많은 노력 끝에 동전을 만들고 우리가 살 수 있는 환경을 만들며 주변에서 위험으로부터 구할 수 있는 것을 알게 되었다.

사람들은 늘 본인의 이웃과 가족 때문에 스트레스를 받고 있다. 되돌아보면 타인들의 아픔을 받아 준다. 가끔은 타인을 위해서 희생하기도 한다. 이 주고받는 것 자체가 참 아름답다. 안타깝게도 다른 사람의 감정을 쉽게 느끼게 되지 않는다. 대부분의 사람이 기적을 좋아하는 경향이 있다. 기적은 누구에게나 쉽게 다가오지 않는다. 사람은 사람이 필요하다는 것을 사회를 자세히 보면 안다. 사회에는 여러 성향의 사람이 산다. 예를 들면 청소원, 운전사, 짐꾼, 심리학자, 회사원, 정치인, 선생, 의사, 기업인 등등. 이분들은 우리가 살아가는 데 필요하고 그들은 우리의 건강, 재산 그리고 깨달음을 유지하는 것을 도와준다. 사람들은 뼈, 살 그리고 피로 만들어지는 것뿐만 아니라 마음과 지식으로도 만들어진다. 마음이 아프면 행복은 어떤 조건에 따라 존재한다. 앞의 글에 보면 내가 심리학자라는 직업에 속해 있지 않지만, 우리 심리 상태를 알게 해 주는 분들은 이 병명을 이렇게 설명한다. 예를 들면 공황 장애, 불안정 그리고 발달 장애 등등. 옛날에는 사람들이 정신 건강에 대해서 별 지식이 없었다. 그들은 어떤 안 좋은 일이 일어난 경우에 마귀가 하는 행위 때문이라고 믿고 아니면 과거의 죄 때문이라고 믿었었다. 사람들은 경험과 실험을 통해 지식을 얻었다. 나날이 과학 기술이 개발되면서 사람들은 원하는 것을 찾기 위해 여행(발굴)과 교육을 통해 본인들이 원했거나 아니면 우연하지 않게 많은 것을 얻게 되었다. 시간이 될 때마다 본인의 선생님, 지도자에게서 도움을 받았다. 혼자 일을 하는 것은 재미있지 않지만 집단적으로 일하는 것도 쉽지 않다. 사람들은 많은 분야에서 성공을 한다. 특히 기술 쪽으로 성공한다. 사람들은 친구들과 대화하면서 지식과 생각을 나눈다. 그들은 많은 자원에서 정보와 아이디어를 얻어 낸다. 사람들은 친구가 필요하다. 왜냐하면 그들이 가족과 동료와 공유하지 못하는 이야기들이 있을 수 있다. 예를 들면 우리의 사생활에서 믿을 만한 사람 찾기 힘들다. 우리는 성향상 의심이 많고 신뢰할 수 있는 사람이 아니다. 우리는 아무에게나 믿음을 주지 않는다. 우리는 재빠르게 남의 흠을 찾지만 본인의 흠은 인정하기 힘들어한다.

결과적으로 확실히 우리는 사회적인 동물이다. 살기 위해 사회가 필요하고 마음과 생각을 교류하기 위해서 사회가 필요하다. 상대방을 어떻게 가르쳐야 하는지는 매우 어려운 일이다. 우리가 알거나 알지도 못하는 사이에 다른 사람들 뒤에서 욕설을 하는 것은, 아무도 소위 '가십'이라고 불리는 실행을 거부할 수 없다.

끝으로 동물이나 사람 그리고 살아 있는 것들, 어떤 동물의 왕국이라도 상관없이 서로 같이 지내는 것을 좋아한다.

마지막으로 성경의 다음과 같은 메시지를 전달하고 싶다.

"다른 사람을 평가할 때 본인도 평가를 받을 것이다."

읽어 주셔서 감사합니다.

Burden of Hercules

Most of us when we read during our Academic secondary education Greek history. We come across many names one of them is Hercules. Like many of us I too wondered or kind of impressed looking at a pic of Hercules holding a globe at back if of his neck he didn't have any

expression to conjure his grievances. I didn't feel comfortable as I was watching him rather I was anxious to discover what he might have, thinking of. Having said so, As I grew I found in my surrounding everyone has his or her own globe to hold on. As human has skill to express his or her struggle through language but seldom expression our face says lots of feeling as we find in Shakespeare's famous drama. Nevertheless, he could put globe aside to escape from its weight, the real burden might be inside his mind and heart.

We could meet a person if we want to and vice versa. Everyone has his or own motive or condition to see a person. If we encounter someone, we kind of have an anxiety and mixed feeling as how the other side think of him or her. We may try to hide our feeling and portray ourselves as candid as possible. Its hard to predict the result of the meeting. Obviously, exchange of ideas takes place based on personal requirements and preferences. Once we meet a person, we share our views we can come to know him or her personality a bit. Counteracting a stranger is not a piece of cake we got to accept what we gain and lost.

Based on scripture, ever since human started living in this earth they were sinners. The weight of the sin unbearable it ends only you get salvation or you need to wait for the

day of judgment. God gave you an option to choose the way if you want to get salvation or the way you want to live. We can see happiness and grievances in everyone's life regardless of their financial status and racial background that we maintain in our society. The weight of burden we may not see with our eyes but the sense of the heaviness we feel. We try to escape thinking several ideas and making efforts. We forget this burden doesn't hold us for long due to our physical needs(eating, sleeping, talking etc). We may feel blessed and freedom from the chain that pulled us towards it's ends without our consent. It's like wheel of fait which never stops it's movement. Once we are occupied with grievances its always not there for long for a while we come out of it. Occasionally, memories rebound or recollect of events or happenings that we have been through. People do give us suggestions and the ways to solve the problems we feel relief for a moment however, those are not exact words what we require···········

According to Buddhism human born with grievances through which learn, teach and skill to cope with hurdles the come across. Buddha was a great spiritual leader who discovered the mystery of life and death. Christianity says human born with a sin though it has been committed or not. However we have a connotation in our mind that we don't stop surviving we need to accept life as it comes. We can't overcome everything obstacles that comes in our way, we suffer and get happy. So happiness and suffering goes side by side.

We as a people do have a burden to maintain sustainable to our surrounding. In order to live ourself with healthy environment and hand over the same to our descendants to keep humane existence in this world unhurt. We don,t want to be blamed in the future for our deeds, this what we hear from our Academic Education. We in reality we don't do so, we look for our own comfortness rather the saving environments. Government too makes promises to provide good and comfortable life to citizen of his or her country, so they could live with no difficulties.

God is not an exceptional In entity to be escaped from a word so called 'burden'. In the Biblical scripture God asked human to give their burden to him. So the burden was given to God obviously burden can't be physical one. When we watch surrounding, we often see emotional exchange or words between two or amongst many. While returning home they were hunted by good and bad feelings. Later they may realize that they could have said the things in other way around to prove themselves that they were right. Some according to religious background seeks to pray for calming down themselves but others may think of fighting back with strength or orally. Our ancestors too have similar behavior as us. Almost all of them might have think worshipping nature was a kind of faith because nature provide them food and shelter. After hunting down animals they sacrifice part of meat to nature to express their gratefulness. supernatural beings were their guiding angels. Having said that, these angels helped them for their livelihood, however, these guiding angels were not always helpful they were from time to time could be monstrous. So God was not always compassionate them with warm heart. Mankind was enslaved, got killed in catastrophic climate and engulfed by body of water as it is happening now, then too they experienced similar fate. Unfortunately, he was not a God of love always. He couldn't save them when they were torn apart in colosseum, burnt alive, slaughter by Ottoman empire. 'His mercy is steadfast which never ends', according to scripture. In thesis of creation 'Genesis' God created man first and his mate eve later. After being disobedient to his command he threw them out" of Eden and cursed them, so that this curse made them struggle throughout their life off course they have given conditions.

God sympathized with them and planned to rescue them from this predicament, he sent many messengers to pass them message of him. The people on the other hand didn't understand the message as a result they got killed or oppressed. Therefor to rescue his people he promised to send 'messiah' as their liberator based on scripture the saviour was his only one son 'Jesus'. Most people feel there is someone who is monitoring us and our whereabouts. I'm not referring to one sect of religion, most races know who is he? Consequence of his rebellion towards his own leaders he paid a price (nailed down on the crush). Eventually to save human kind whom God love the most. Not only in Christianity others do have their own stories of sacrifices. Buddhism ask us to love each other a word 'peace' resonates to its mantra. Jainism has too its own way of serving mankind with peace. All of them toiled in their life to make aware of humankind to walk in the path of righteousness. It's not a simple task for people to rise for their benefit or to achieve peace. In past we have been witnessing of tragedies, deaths, struggle e.t.c. People do believe that all these unfortunates is because of God's will to punish them. He the almighty plays a vital role in our life. I don't know the exact answer for it but certainly I could derive some ideas through experiences and stories that I heard from people around me.

Do God have responsibility for our failure and success? It's still a question mark for us.

As our earth exist there may be existence of others too as astrophysicist claims. There are tells about a little green man

A creature with big eyes. Hindu believes extraterrestrial devas or rhakshas (devil with black coloured hairs on this bodies), flying dragons e.t.c. are they real? we have very little resources to get knowledge of them. You might have a quest for what I am telling about them but I too have very little knowledge. I'm not sure about what should I tell you more. One thing is very well known we get our resources from the earth. In scripture it is stated that we have our authority to have them in order to survive. However, I got interest in funny logic of environmental crisis. Apparently,

I was unaware of climatic change that happening around us because of lack of accesses to media then. When I was in college my classmate told me about California forest fire, I couldn't answer because as I have stated above. Even I didn't listen to radios which are accessible for us if we want. After having graduated from college we all parted away as our destinations are different. For 20 years I have been in touch with various news media. I am hearing about change of temperature, pollution of air and water, rise of sea level due to melting of ice in the north pole, sever change in climatic condition are taking place. This follows devastation of our home which is our home 'earth'. We can't blame anyone for these calamities but ourselves.

Earth is relentlessly providing us everything we require instead we are hurting her for our own benefit.

People Rhetoric's about 'give and take' phrase but when it comes to us we are not in a position to apply it between us and earth. e just can't protect our earth through talking or gossiping about the destruction it has caused for instance encroachment of arable land into sandy desert .We have to listen and spread the message as for as we can. Informing people about the effect and cause of rise in global temperature, so awaken them to save the planet for their own cause. We are simply.

We are simply spoiling our planet by thrashing the things without giving prior thought, cultivating the land without letting it to rest which causes loss of nutrients and can turn the soil into sand, mixing chemicals with materials and ingredients to look them more vibrant and tantalizing, pollution of air and water causes breathing trouble, burning forest, cutting off trees so and so. When we gather information about climate and take it seriously as our own may stay for a while but it faded with the time. We may recall it but busying with our daily life we do not step back and rethink of it. We can share our thoughts through various means of communication and lets take the burden that we have given to our planet so we can save it and save us too. We shouldn't point each other for long(balme game), we try to share our thoughts with love too.

Superiority is a kind of power that every creature tend to have as their precent. This word has had a long impact in our life. It might have started with the origin of universe and seem to have non stoppable journey. In human animal society mostly feel secured when they are protected and guided. So human use their wealth and skeptics to shave them from harm as well as from endangering their lives. Nevertheless, animals society do use different means of shields to get escape from heinies counter from other side.

Slavery, a byword for those with power and wealth to indulge others for job done for them In history this status in their highest. They didn't perceive it as a anonymity but a culture they can conduct for their sake. Slaves couldn't express the feeling of anger, pain, loneliness and their existence too was under the control of their masters. They had to went through without any complain and defiance. It was all over the world not in just one specific country, there is connotation of only black had been slaved but it was in races with every origin. Selling their kids to wealthy people and let other people sleep with their wives as to show their leniency towards powerful people.so called powerful people were often offered cattle in exchange of indecency and infidelity that committed against them. In scripture, we may find profound evidences of 'possessing girls and animals as commodities to boast their own social status. They only care themselves but there might there be people who had have pacified the suffers.

As time passes, like in renaissance Europe scholars realized and recognized feeling of human too go through same experienced like theirs. It slowly spreading throughout the world but still in some corners message has not been reached. At present too, the culture as I mention above still be in practice in many parts of world. So the above culture is good or bad, who is responsible for this culture. Is it God? whom we believe as a creator of universe and he supposed to be a first human in the universe. Do we worshipped him because he thought us this culture? He thout us how to worshipped and rule. As we know slavery is a burden, ultimately the burden of this slavery goes to God because we followed and imitated him as we were ask

Slavery brought us pain unconsciously our predecessors maintain it as a culture, unknowingly burden of slavery carried out by this people didn't have chance to awaken themselves, there was a only matter of die or survive.

Now we urge to our government for rights of freedom, will, security and information of privacy leakage. Mankind bears many responsibilities for amassing wealth and trends which in fact tears and sweat of our ancestors. Slavery cannot go just like that people tend to earn money to satisfy their hunger for wealth, health and luxury life has no ends. Where you live people do have feelings for other people and vice versa. But it was not same all the time we rarely have thought of our friends our neighbour, family members and people in our surrounding. Sometimes we see people showing their grievances their mate or friends but not in high number, our full support and prayers are there but non in action. Nobody comes in front of them to play a role of savoir. Unfortunately, if someone tries to break the silence he or she be discarded as outsider and hardly 1% of them get successful. Slavery was or is not God's given blessing or curse it's by those human who played powerful role to control other human

Let's talk about burden of hierarchy, According, to scripture (Old Testament) we can read about hierarchical trends as it says who is the son of whom and who is the father of whom. I found it quite meaningless. Only son can retain his family's wealth and wishes. Patriarchal system was practiced everywhere, son should look after his parents when parents die, he will be responsible for what they had left. Legitimately inherit whatever they had left, since the agriculture became a means of livelihood human started seeking for land for cultivation and cattle to use them as a tool for ploughing the land. As human races learning more there were more requirements, so burden to provide necessary things to family became myriad. So, heir would have huge burden to look after all of these things.

Rarely girls did have duty to obey but it was just one in a million. People who didn't have their own offspring occasionally adopt relative's son or from a reliable source they find one. In one instance, this a kind story of myself I was raised up my grandparents they had rented a shop but the owner of that shop didn't have any child of his own. On his deathbed he gave all of property to nephew, I don't have any idea of this nephew. Later we knew that he wanted sell that shop immediately we agreed and asked him to make a deal. After having done with every legal process he received 50% of actual value only transferring of name of owner would be left and he too left for nowhere to be found still case lingering in the court. It's my supposition he might have overcome with hurdles or amount of money that he had asked didn't satisfy him later. Anyway, burden of anything is not that simple puzzle to unscramble. It sometimes become moment of happiness and sorrow. Everyone experiences burden of success and failure and they go side by side. It teaches us hate, love, hope, duty, share, lost avoid, overlook, interact and so on. As we grow older more of these feelings come across in our life through which we get matured.

In every election each candidate has list of manifestoes that they could make people life satisfied with better condition of living and they will render secure environment for every branch of jurisdiction under government. Based on this promises people do vote them, some may go for outlooking and some may go for family background and some may their own prospective to go for. As a result, one of them may selected as a leader or successor.

The elected person may not feel comfortable with his coworker or vice versa and may feel betrayed with their conduct and he may get remorseful with their behavior. They cannot escape from this predicament to rule a country is not easy as he or she dreamt, it doesn't depend on which theory of politics you follow.

People do show differentiation in their behaviors they do not act alike for a leader to make them unified is like to run across fire. People do repent after their failure or deeds but most of them can't find the solution to resolve it, the wheel of fate doesn't stop it has its own way to pause. As we know nobody performs perfectly, she or he can reach in proximity of a task, to get near to it is always a will one can have. Usually, it may cause repetition of same mistake. Burden of being perfect is always lingers in our life but to overcome out of it is our destiny.

Disapprove, deny, debunk and deport ourselves all these verbs explain negation of someone's character.

Nevertheless, it may be your friends and your immediate family members. Negation is hard to accept by someone as his or her character but almost all the people do have. Calling myself an arrogant, ill-fated and surreal unacceptable for everyone. However, we have good side and bad side though we recognize it or not. We are linked to people through by any means for example Father, Mother and Sister, Brothers and so on.

Parents is a word which stands for our identification. In this world almost parents raise their offspring and look after their health and education. Responsibilities become heavier as time passes. When children become grown up in terms of knowledge and in physical appearances. As children become older their demands and expectation are as high as sky will be the limit

You will be the gladdest person in this world when you conceive or receive a child but nightmare starts as time passes. you will be drawn into shocking situation of screams and cries. Child can only express his or her feeling through cries and screams. The new job you got is safeguard of the child, anything and anytime something could happen to the child. You are glorified as child becomes one Of the personalities that you have dreamt of, however such chances are hard to be counted. Personal interaction will be there as feeling are poured down, at first your desire will be child's desire. Once child entered into his or her teens perception, taste and perceptive differences will occur. You can't hold him her on your parameters(jurisdiction)and conditioned exceptions are there. Time to walk in the house, time to have meals on time and to do with your laundry e.t.c.

In ancient times mostly children were breadwinners. Son only was an heir of parent's wealth, off course nowadays it varies, parents' wealth is distributed propotionately to offspring.

In the book "mother" by Rasputin a Russian writer, you feel the chilling fare of a mother for her children. Mostly you see women made abundant of sacrifices than man for the sake of her family. Mothers render anything that could make happy and contrive physical effort to save her family. She awakes throughout night in case of her family is in trouble or no. There is no cold or hot weather cause her to kneel down, she will be as soft as clouds and as hard as rock, when it comes to her children. It doesn't mean only mother will be saviour but father too do sacrifices and hardship to gain a bread for his family.

At present some areas of the world do not have proper food to eat and shelter. Parents of these kids suffer a lot to feed their kids. So they go to mines to quarry minerals, coal and rocky salts. Sweat rolls down from their forehead, they resist their heart and mind they are steadfast and keep working. Some couldn't walk but carries stone and bags of mud or sand, so that their family could sleep in peace. That there is no word in this world to describe how they live their everyday life without any help from no one.

In some expect of our daily life we need someone to listen to my voice and answer me. When we are born we feel a soft hearted and soft hands are there to hold me and embrace me. As a child we know who are they. Once we become 6- to 8-month-old er started recognizing our parents. We don't understand, how they are going through to raise us up. As we grow up before enrollment in Elementary or Primary school some of us perceive how our parents keep effort to have quality education for us but we keep on avoiding and thinking of ourselves cause we don't like to be a follower without any consent(There may a human instinct to provide safety for oneself)

Six out of ten will be pushed by their parents to get best score in papers(exam). Study may not be a choice for someone there can be other areas in which they are interested in.so we can see here both parents and children face terrible situation or vice versa.

To start a writing about someone or something we got to reckon and recollect our background knowledge. Although it's not as hard as rock or not soft as rose (rose is usually considered as softest one). Here I would like to talked about my friends and neighbours. When I was ten to twelve years old, I used to see in the morning people rushing towards somewhere. Destinations may very but everyone's goal would be the same to sort out task or someone may give to their workers advises or suggestions. Things to receive, open them out and sorting out papers or things. Sound of their colleagues' shoes tapping the floor, machines distract your attention and workplace will not become your personal area, you are intervened by lots of questions. To get task on time become your goal. But you get interfered with unexpected situation, your wish or preference doesn't count here but only you need to get your work done is vital.

In every aspect of our life its in the past or in present is same only differences in whether its manual or automatic one. In the past people used tools or physical strength to build houses, to cultivate grains or food stuffs and made irrigation canals, raised cattle and made food. Now a days machine replaces many working systems. People preferred to settle in cities depends in machines compare to rural areas where people still use tools as those were used in the past and physical strength. However, people have to be there to make sustainable job to keep their life comfortable.

Modern age, speed is a key for succession. Drastic change take place at every corner of individual life. Independency becomes a rhetoric for every class of people. Although some agree and some object based on their necessities and philosophy.

Our earth is very volatile every time climatic change takes place it gets panic. Its surface gets depressed and overflowed by body of water, it's tremendous to sustain for long period of time. People should consider and defend our earth against cataclysm that climatic change procure on it.

Responsibility is a word we try to avoid but it's not simply a noun which cause us to realize what should we have to bear in our heart and mind. We need to awaken and reckon about earth as a human as we are. It's the hardest subject to know by ourselves unless and until someone teach us or in the other words explain about climatic change.

We are lucky to have information gadgets but those who live in information inaccessible area, it's hard to become informer so to message get across the other end. Possibly an information to get across the other end by contriving communication devices such as tablet pc, smart phones and radio which may be old fashioned but work as a good informant, to have something is better than nothing. It is highly imperative for every one of us to save earth as we call it our home.

It's necessary to live a comfortable life, may cost our decedents a hell. Evidently, it's clear for everyone to discard everything and think about only earth is comprehensively difficult work. One should not expect that giving possessions and time merely are retribution for retaining one's fame or name. Time to time it will be tough as a mountain and gentle as a bird (this is my personal thinking). To make people awaken if not by force but by understanding first and comes a time to make them comprehend with it.

Mission off course is impossible and one should not jump into it without Having any knowledge

"I don't know myself; how could I know others. There is phrase in Korean.

Obviously, it is fact that we often pretend that we know him or her but that's just an illusion because we cannot be someone's by her or his side for good. Convincing our entourage means we might have shared common experience such as taste and hobbies but all could be in a limited time frame. Apparently, we can figure out the other side of our friend in the circumstances what I mean here is since we are different individuals, our thoughts would be different but our human instinct tells us. Nevertheless, goal must be achieved, so that people can live alongside with other species in this world peacefully and however precautionary measure cannot be overlooked.

As I have mentioned before our earth is volatile and dynamic. If someone has sense of sorrow and passion for it then please do not forget earth, it protects us from extraterrestrial impact and rendering us food, shelter and water which are most valuables parts of our life to sustain till we die. Affording mutual understanding is imperative, some of us addressed earth as "Mother earth". Eventually caring each other will be sharing each other's heart and mind. It's evident one day we will be achieved the task and we will recognize what should have to do.

Wealth is tremendously valued one in capitalism society. Money a key player to drag on people to have comfortable live and live a life as they want. In capitalism investment play a vital role but the result would be unpredictable.

People cannot conjure whether they could gain or lose. Off course this is a gain uncertain and robust. You don't know what comes in your mind, you may get perplexed and reluctant to go further. However, your money could bring you happiness and dilemma in your life is uncertain.

From every section of society huge and small amount of cash-flow in the market in one way or other is possible. In Korea they call 'ant investors' i.e., retail investors which make myriad impact on the fluctuation in the market. Stock holder with huge investment doesn't make any sign it just hangs still but for retail investor it gets shocked both mentally and physically as market plummets. Market started trembling and word of recession comes out from every economist and market analyst.

Inflation, every market gets eavesdropping words and becomes horror to the common people. Exactly the people doesn't know what 'inflation" is. When from every communication channel roars of a lion vibrates each one's ear then people gets frightened without knowing the meaning of it. I got across the word called 'sovereigns 'in cell phone. Word of recession comes out from mouth of every Economist and market analyst.

Inflation, every market gets eavesdropped and it becomes horror to common people. Exactly, say the people fairly doesn't know what 'inflation' is when from every communication channel roars like a lion then people get frightened without knowing the intact meaning of it. I happened to get across with a word 'sovereign' in the cell phone. This word operates as a manager, which balances injection between fixed income and investment. As investment increases subsequently increase in production of work, which ultimately gives rise to working class and the flow of cash remain smooth. Inflation costs developing countries much more grief (scar) than developed ones. Introduction of digital currency in stock investment as well making market as fragile as crystal. This unpredictable currency creates a ripple effect to money anticipated group making them millionaire overnight and pauper.

To dig out digital currency needs lots of resources especially energy (electricity) power. Which can be produced by using gasoline or other minerals. Consequently, it hampers our environment and may cause catastrophically disaster to human life and other living beings. However, discovery, quest, interest and miracle have attracted human being, us, in order to get prosperous life. Climate change we hear but we don't listen to, in other words we forget very easily because of our daily life. The other day I watched news, it was about United States passing huge bill on climate and other two subjects but climate scientist comment on bill which according to him is not enough to combat. Investment off course bends speed of climate change impact but we rather pay attention towards our future generation.

Pouring money in the market to get going economic smoother is not bad for investment. Past our ancestor did exchange of goods, as currency was not in avail. Fortunately, many of us awakened and putting hard effort to get ourselves to create coin instead of barter and get shelter from endangering.

People get burden of their nighbours and of families,

retrospectively people embrace the pain of others. Sometimes scarifies themselves for loved ones. This relation of give and take is very much beautiful, unfortunately feelings of other persons' heart and mind is not easily to get across. Some people believe in miracle to get rid of their predicament. "Miracle" may not happen in anyone's life.

After having look into the society, we recognize people need people. Variety of personalities that we perceive in the society, sweeper, drivers, carriers, office goers, politicians, teachers, doctors, businessmen and so on. All these persons we need for certain time, so that we can manage our health, wealth and awareness.

People are not just made up of flesh, bone and blood, they have feelings, the feeling to get hurt, to get joy are conditioned under circumstances. Perhaps I didn't mention it above among personalities. Phycologists, are the ones who help us to get realize of our mental health such as trauma, anxiety and relating mental retardation. In ancient times people didn't have enough knowledge of mentally effect on person. They tend to believe that the bad things happen in their life is due to demonic action or because of crime they committed in the past. However, people get intelligent from experiment and experiences that they came to know about things in their surroundings. As science and technology get advance day by day, people seek changes so they travel, search and educate themselves to achieve what they want. They often get help from their teachers or mentors.

Doing work alone is that pleasant but working with group is too difficult. Anyhow, people get succeeded in may grounds especially in technology. People communicate with their entourage, shared their wit and thoughts. They start getting ideas and information from various resources. Mostly they need friends because there are things we cannot share with our families and colleagues

For instances our privacy but its very tough to need trustworthy ones. We ourselves is not trustworthy ones being doubtful in nature, we are not ready to trust anyone just like that. We are very quick in finding others shortcomings but slow to recognize our wrongdoings.

Consequently, we are obviously knowledgeable social animals. We need society to live and exchange our hearts and minds. Its very complex to describe, how should we teach each other. Knowingly or unknowingly, we do bad mouthing behind others, no one can resist herself or himself from executing, so called 'gossip'. Concluding this subject, whether its animal or human all of living things, they like to be with one another despite they belong to any kind of animal kingdom.

Thank you with all of my hearts for reading.

헤라클레스

1판 1쇄 발행 2022년 12월 5일

저자 아그네스

교정 주현강 **편집** 김다인
마케팅 박가영 **총괄** 신선미

펴낸곳 (주)하움출판사 **펴낸이** 문현광

이메일 haum1000@naver.com **홈페이지** haum.kr
블로그 blog.naver.com/haum1000 **인스타그램** @haum1007

ISBN 979-11-6440-251-9(03190)

좋은 책을 만들겠습니다.
하움출판사는 독자 여러분의 의견에 항상 귀 기울이고 있습니다.